Jahreszeitenwechsel und ferne Welten

Aquarelle von Dorle Severit
Haiku von Dagmar Kovač

©2017 Dorle Severit
Herstellung und Verlag
BoD – Book on Demand, Norderstedt
ISBN: 9783744895767

Das Haiku ist eine traditionelle japanische Gedichtform, die meistens aus drei Zeilen von 5-7-5 Silben besteht und ist die kürzeste Gedichtform der Welt. Sie wird inzwischen auch an Schulen und Universitäten gelehrt

Das Haiku ist konkret und wird mit bestimmten Jahreszeiten in Verbindung gebracht, die kulturell unterschiedlich dargestellt werden.

In diesem Buch finden sich auch erlebte Momente von Reisen in dieser Gedichtform wieder.

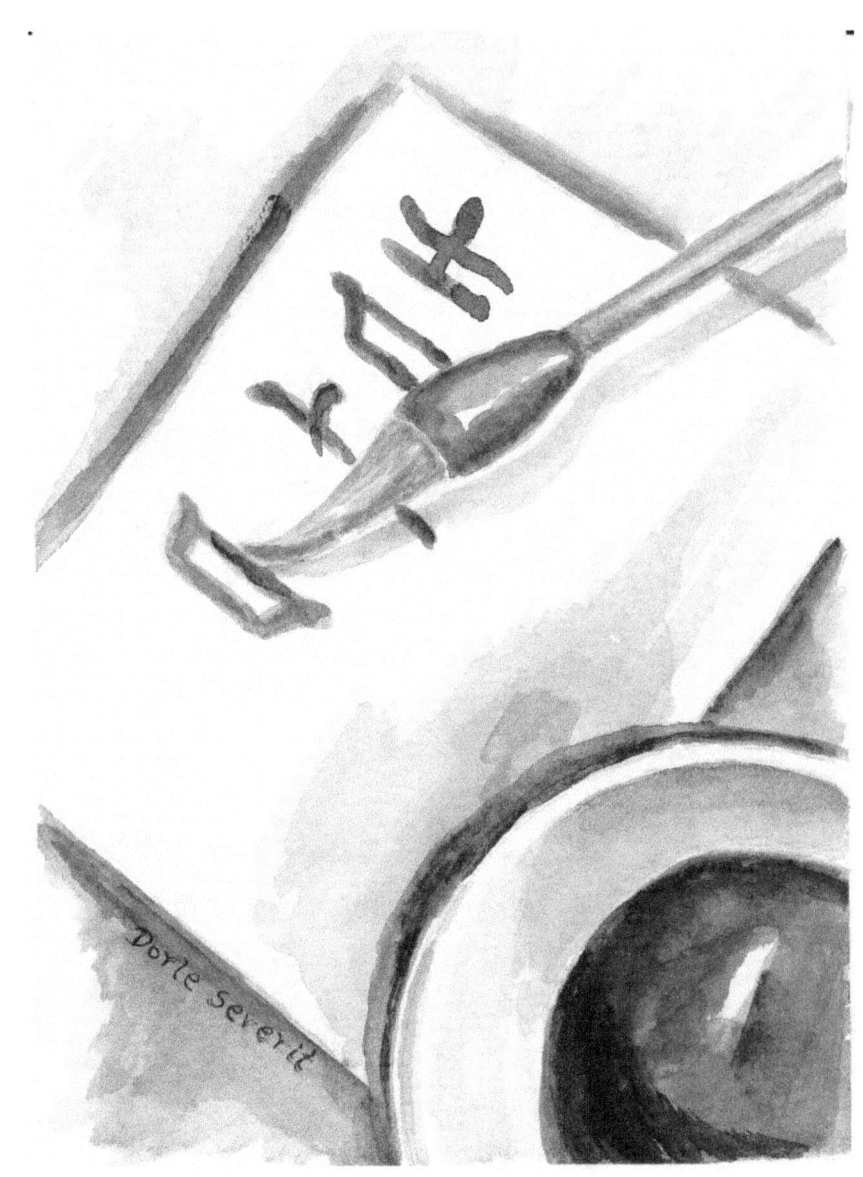

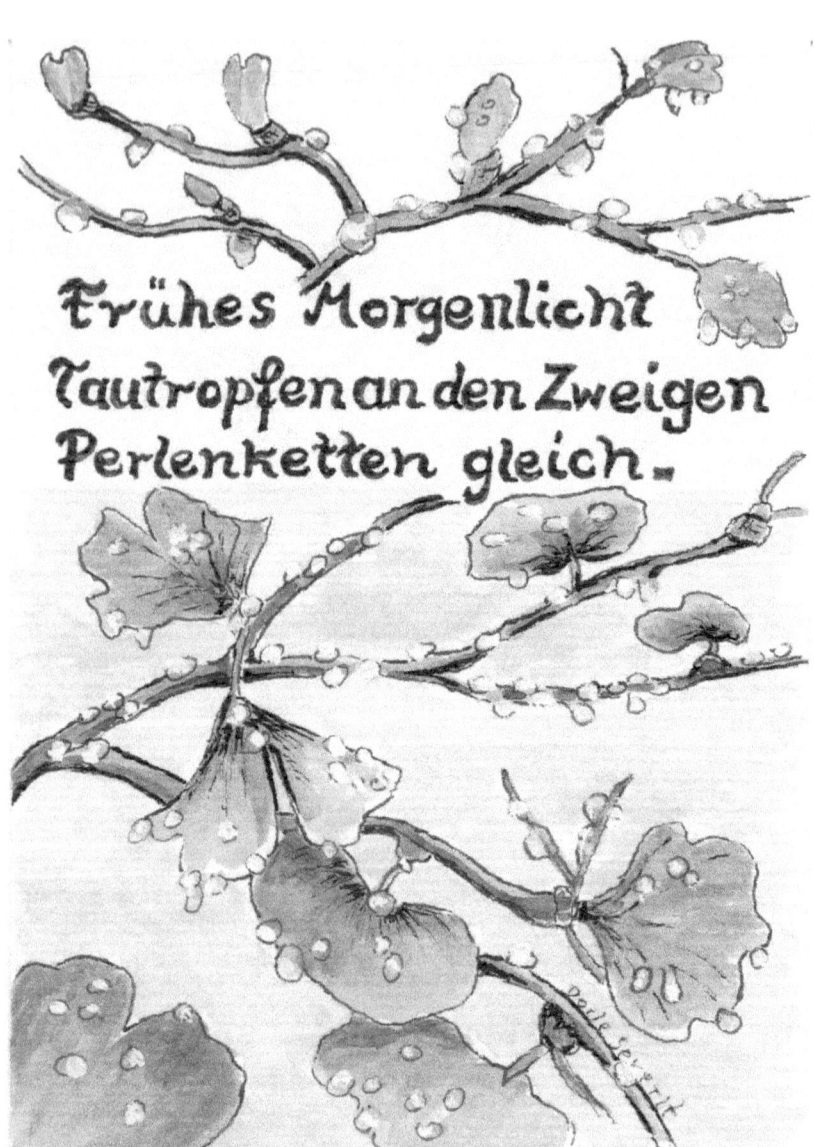

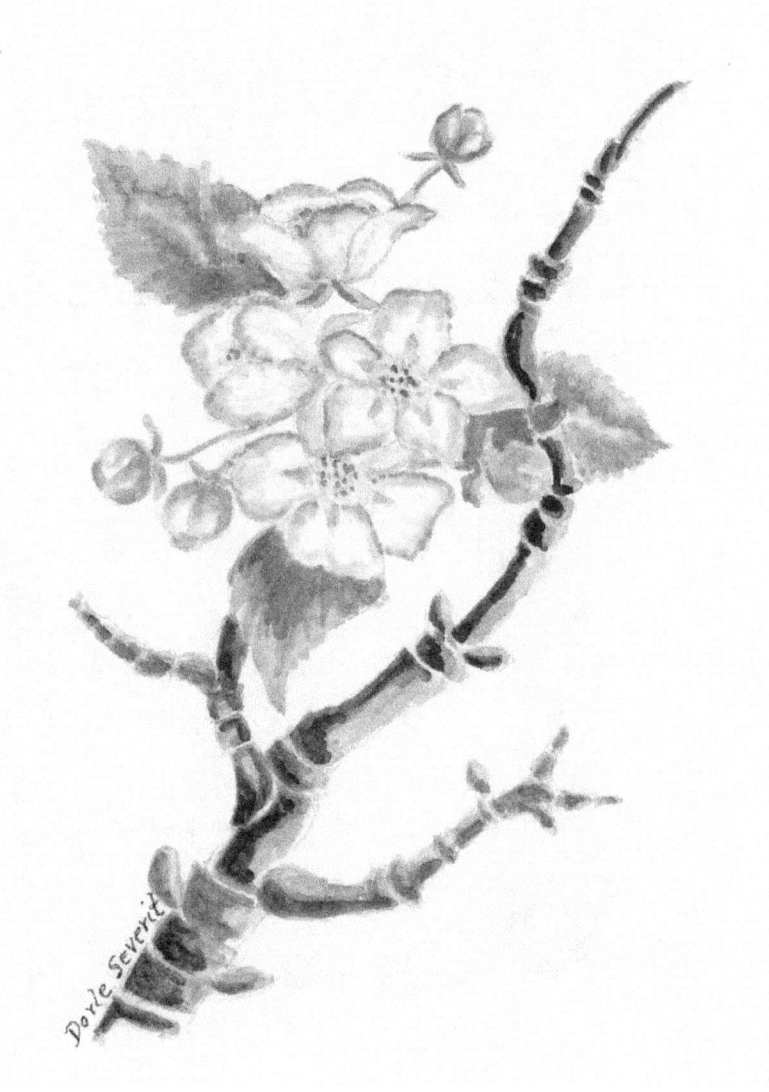

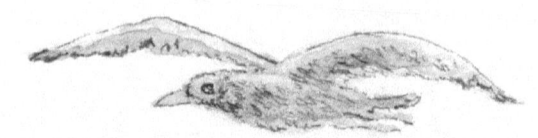

Endlose Wellen
Rapsblütenfelder leuchtend
Zum tiefblauen Meer.

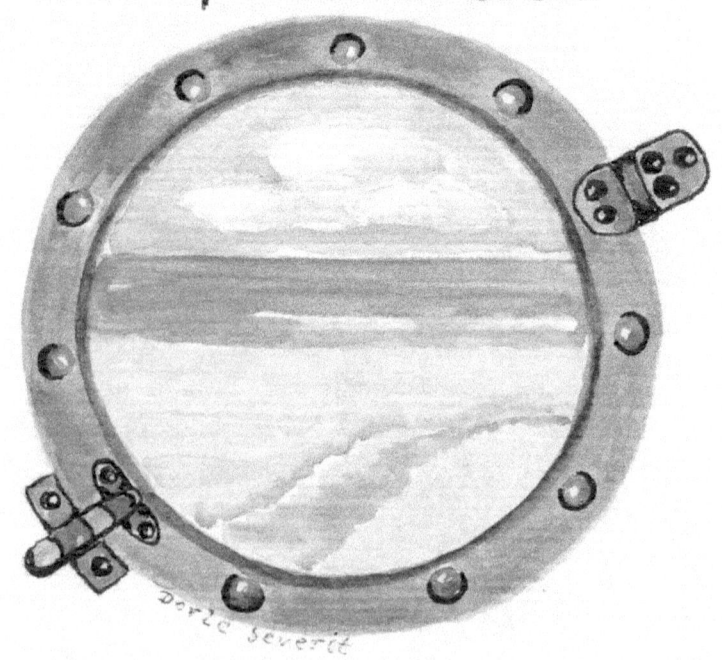

Ein Boot gleitet leicht
Auf ruhiger See dahin
Zwei Segel im Wind.

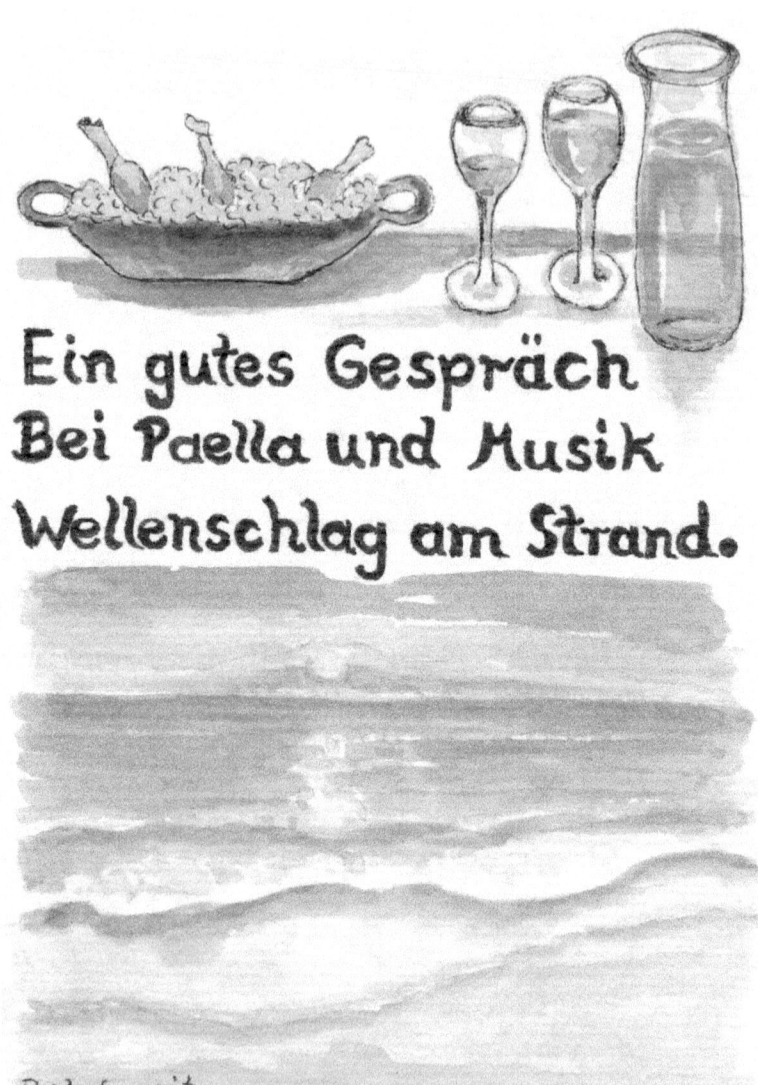

Ein gutes Gespräch
Bei Paella und Musik
Wellenschlag am Strand.

Dorle Severit

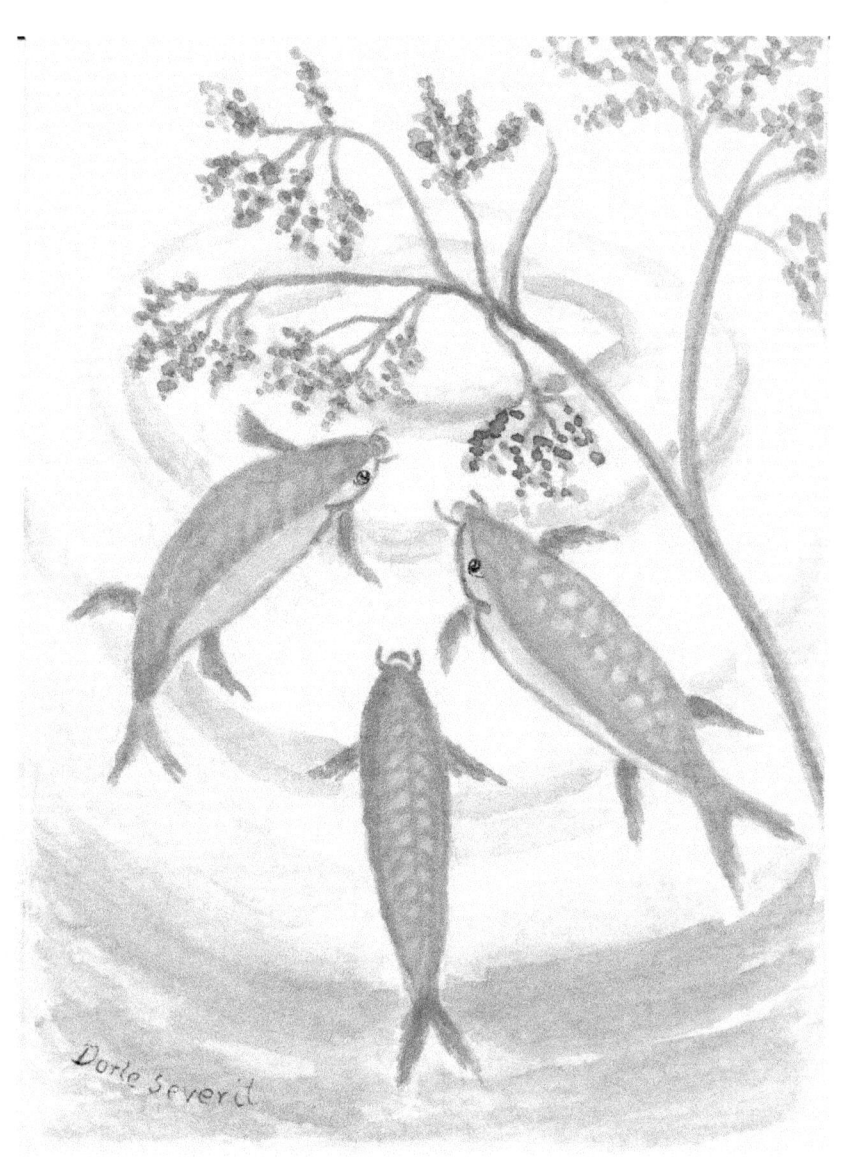

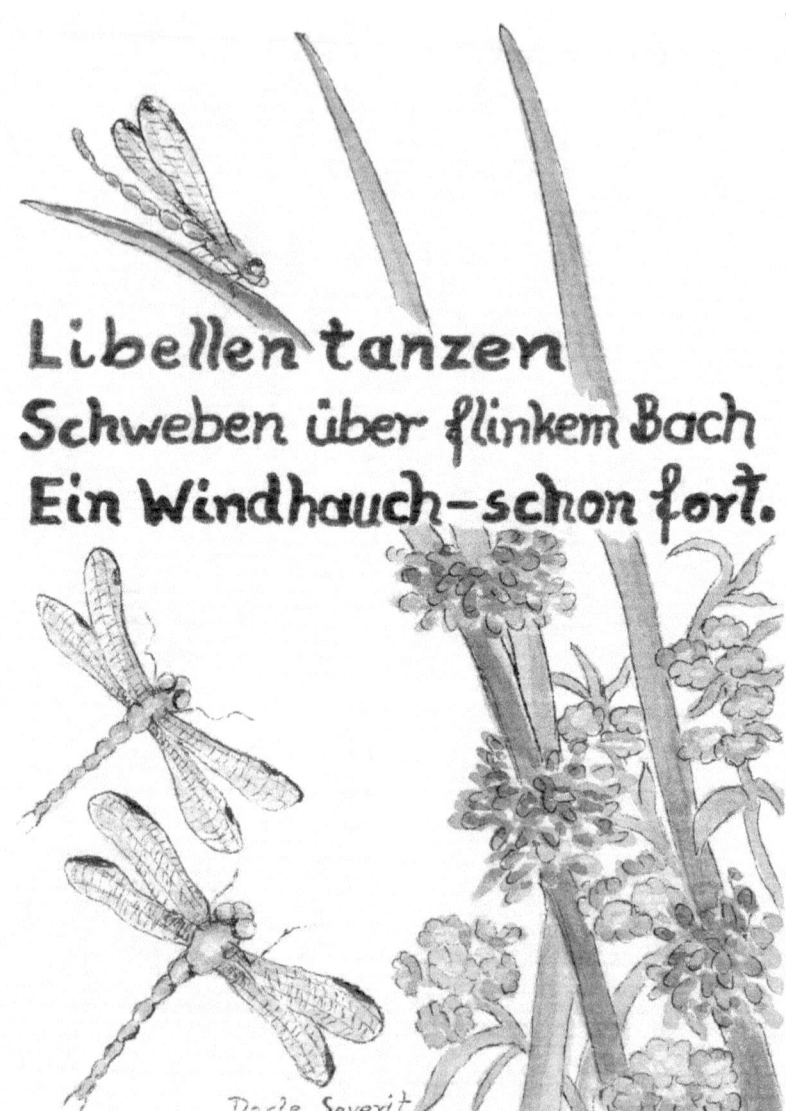

Libellen tanzen
Schweben über flinkem Bach
Ein Windhauch – schon fort.

Dorle Severit

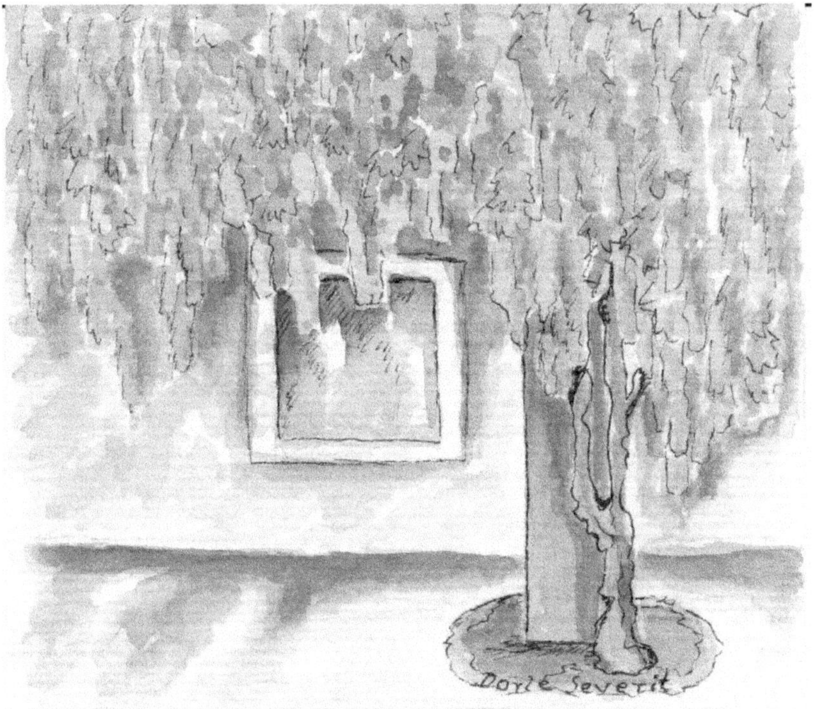

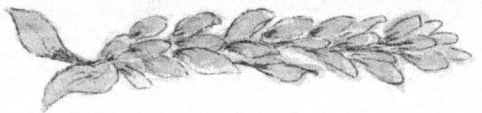

Blaue Glyzinien
Fallen in Kaskaden von
Der Pergola herab.

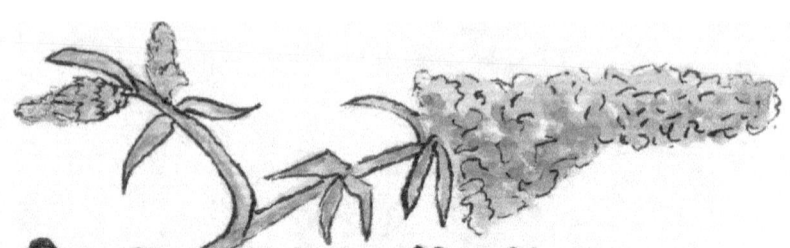

Bunter Schmetterling
Ruht sich aus auf meiner Hand
Kleines kurzes Glück.

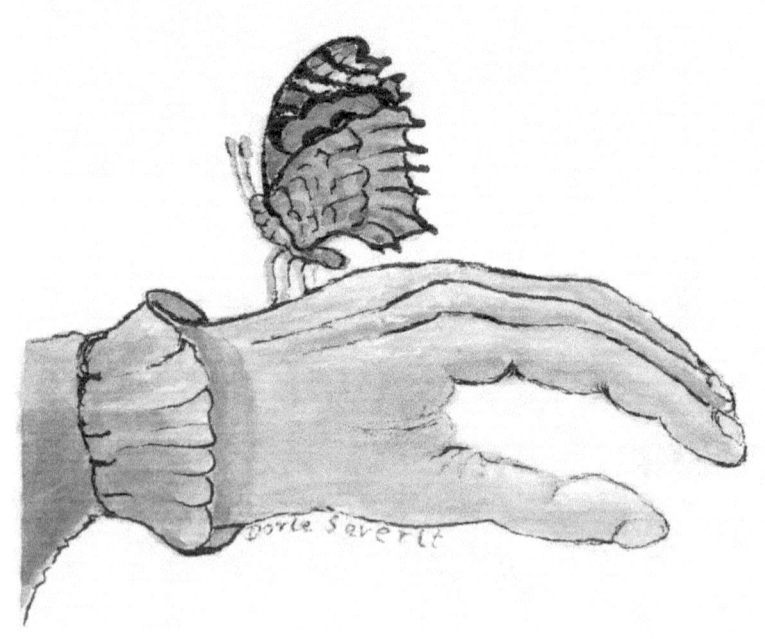

Hell spiegeln sich die schlanken Birkenstämme im dunklen Grün des Stroms.

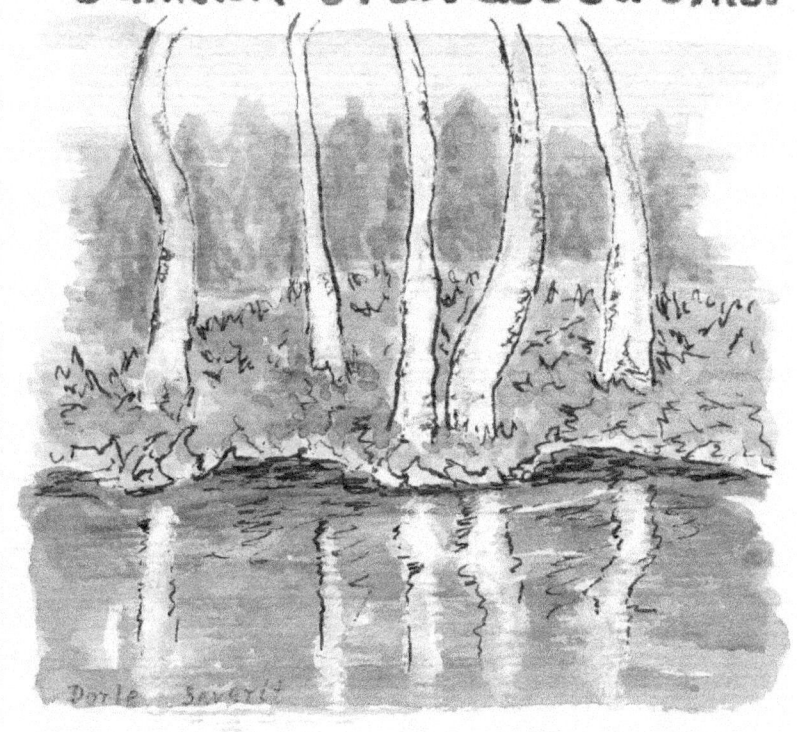

Ein Kormoran taucht
Flink hinab ins kühle Nass
Der Fischer wartet....

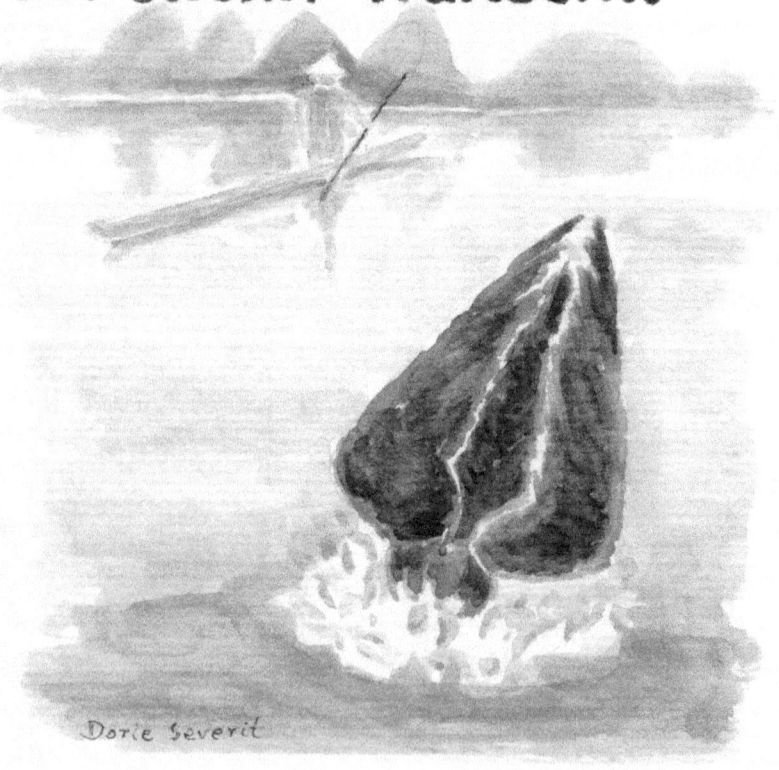

Schwarzer Schwan allein
Auf dem eisigen Wasser
Scharfer, kalter Wind.

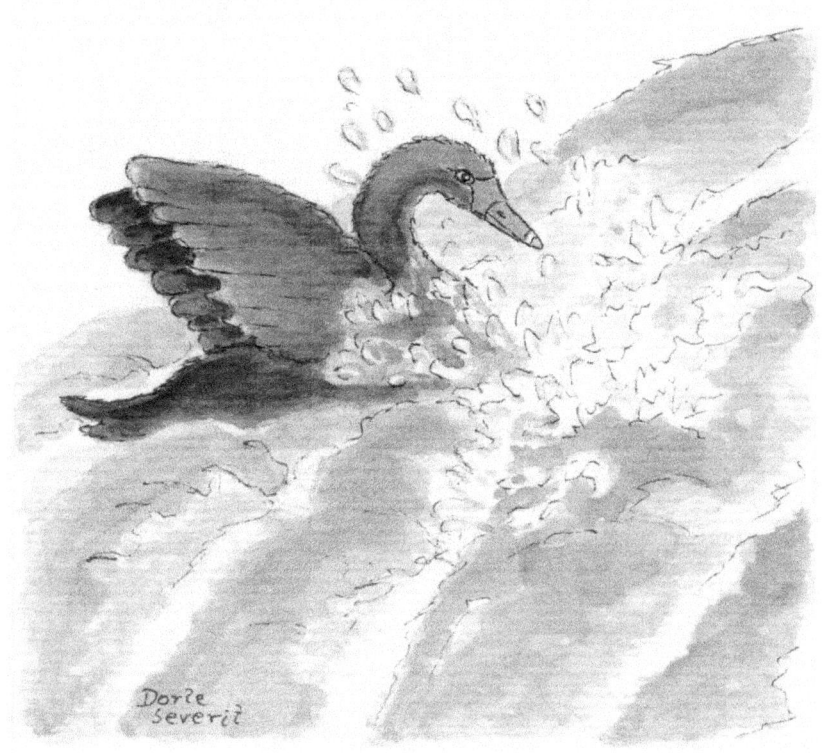

Kleine Schilfinseln
Schaukeln sich auf silbrigen
Wellen der Wolga.

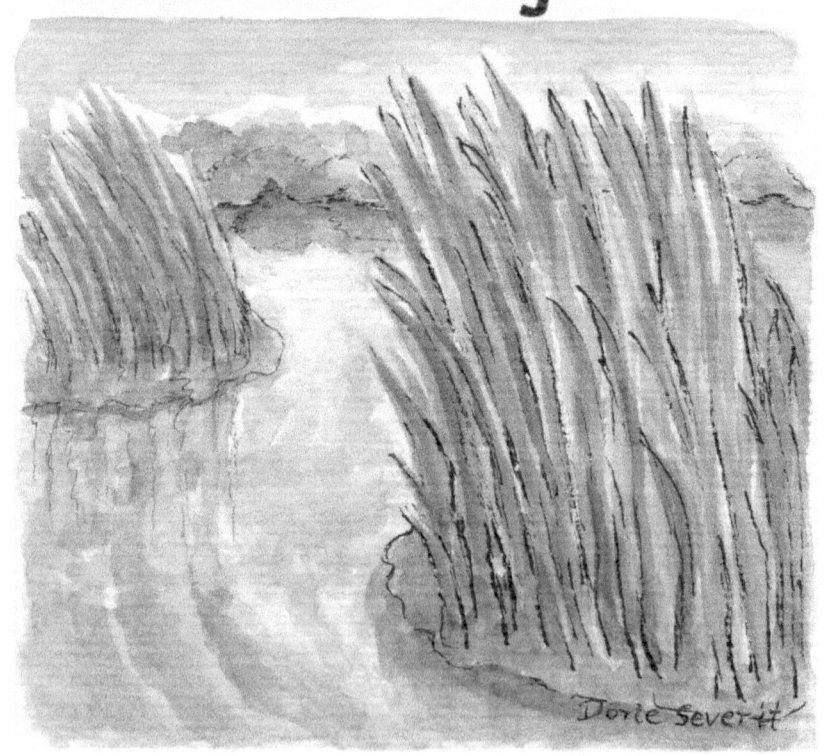

Kleine Schilfinseln
schaukeln sich auf silbrigen
Wellen der Wolga.

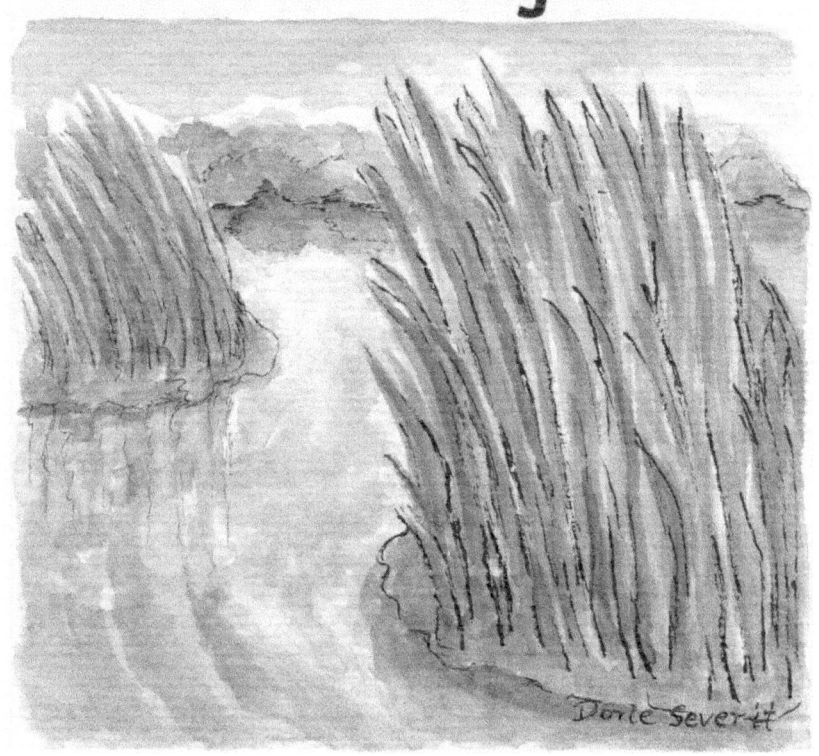

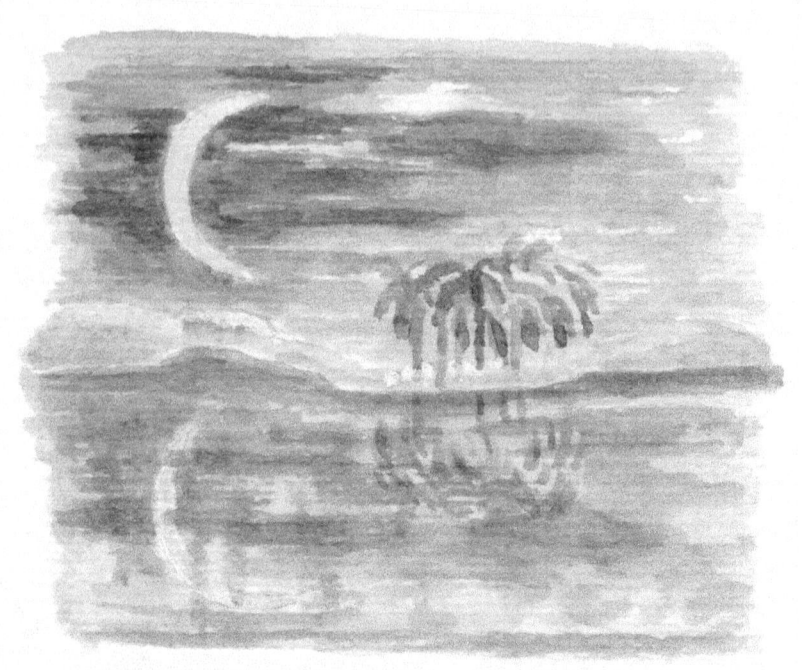

Sichel des Mondes
Tanzt auf dem Wasser des Nils
Wie ein Kahn im Wind.

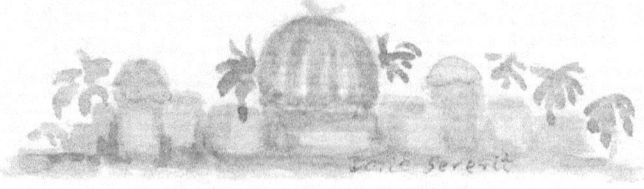

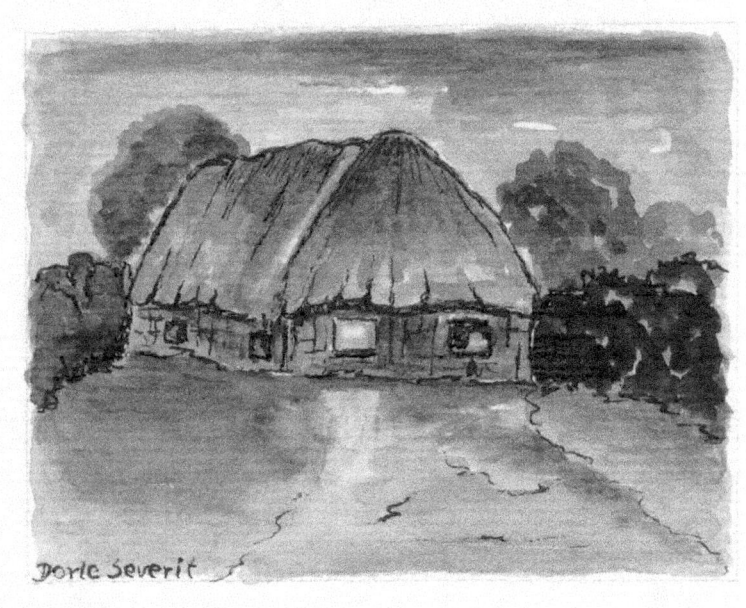

Ein helles Fenster
Kleines, freundliches Auge
In dunklen Nächten.

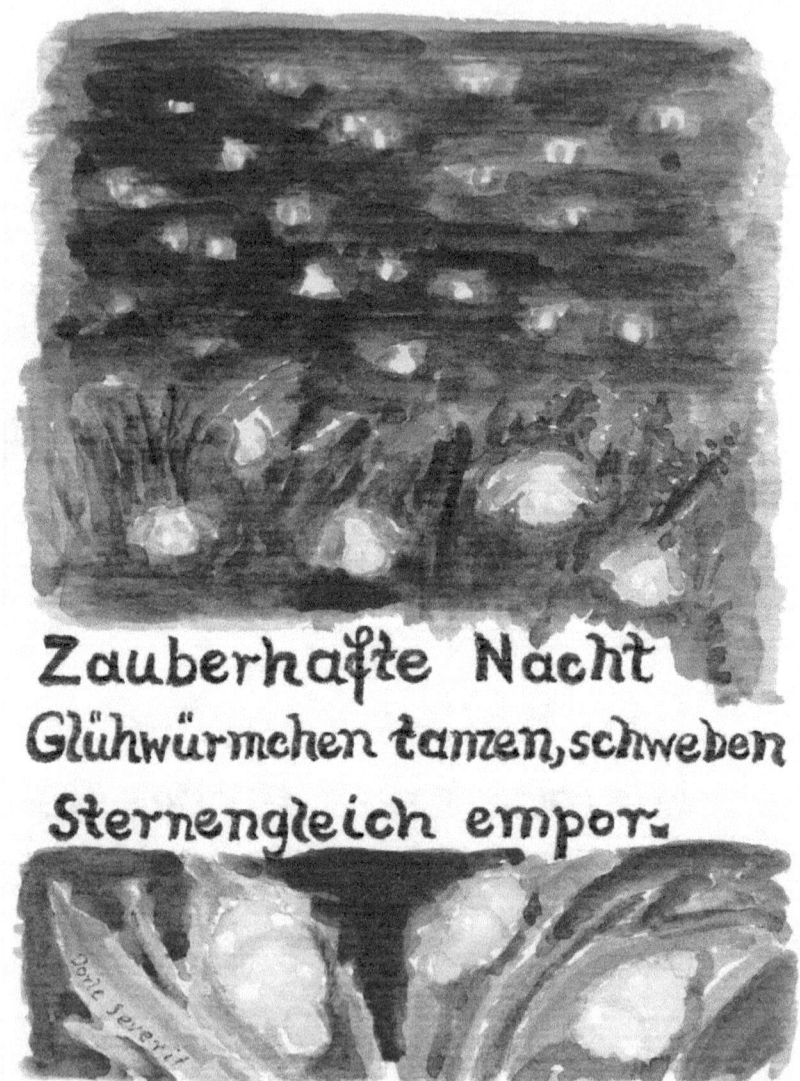

Zauberhafte Nacht
Glühwürmchen tanzen, schweben
Sternengleich empor.

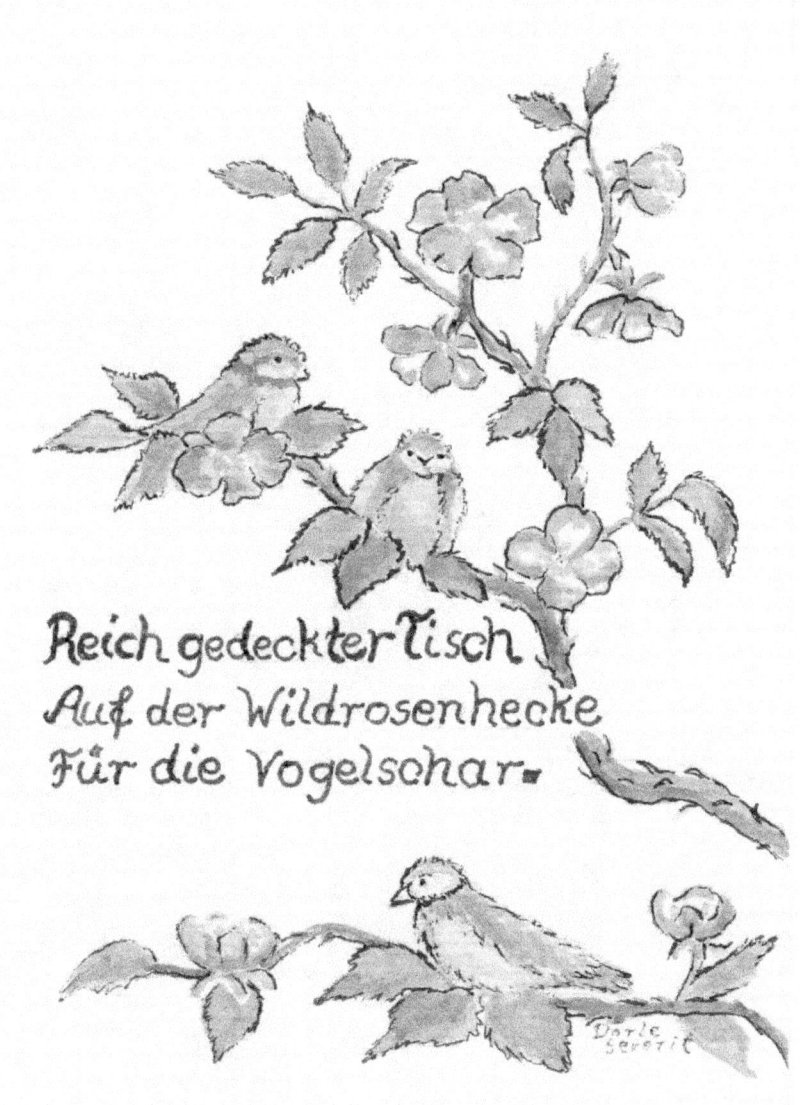

Reich gedeckter Tisch
Auf der Wildrosenhecke
Für die Vogelschar.

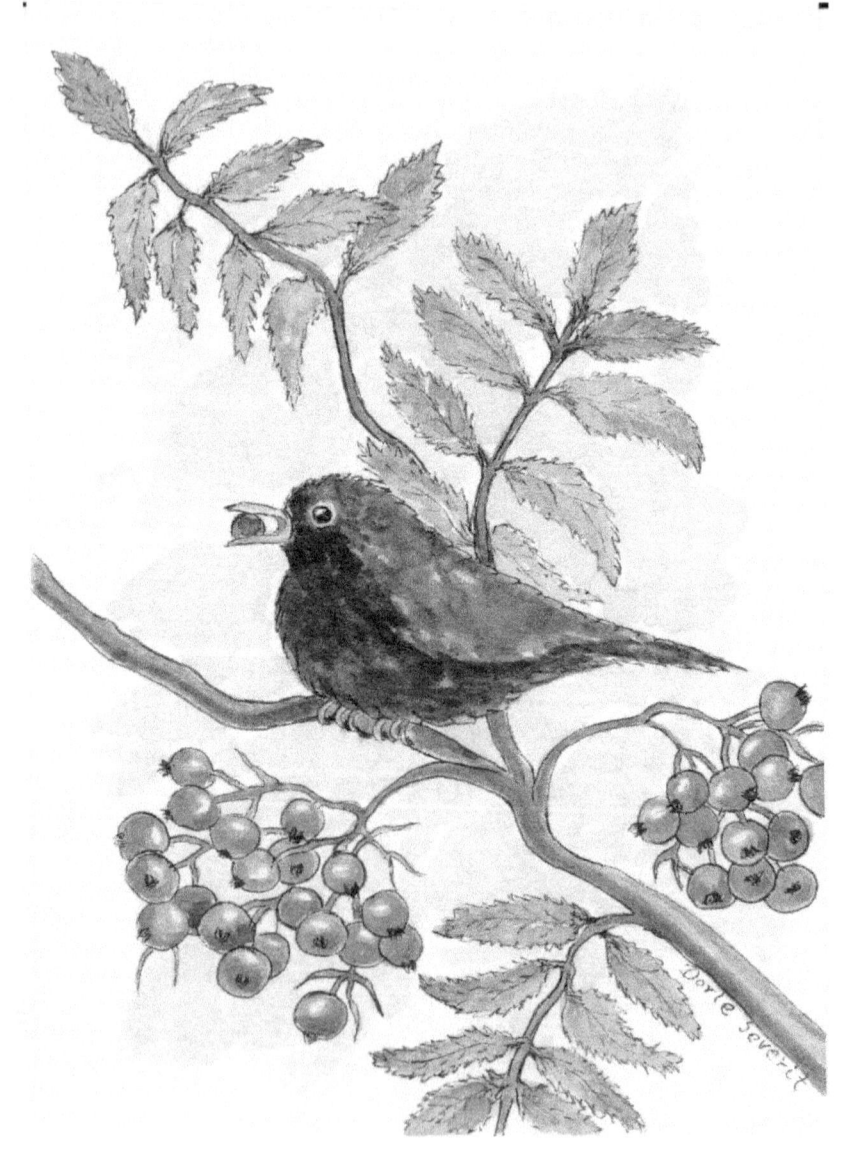

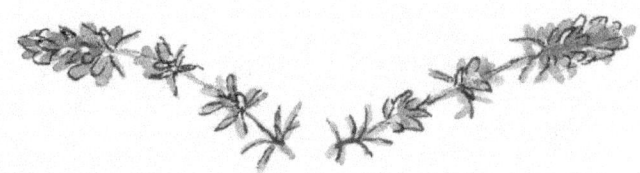

Flüchtig sind Wolken
Blumen und Stunden des Glücks
In dir ruhn sie fest.

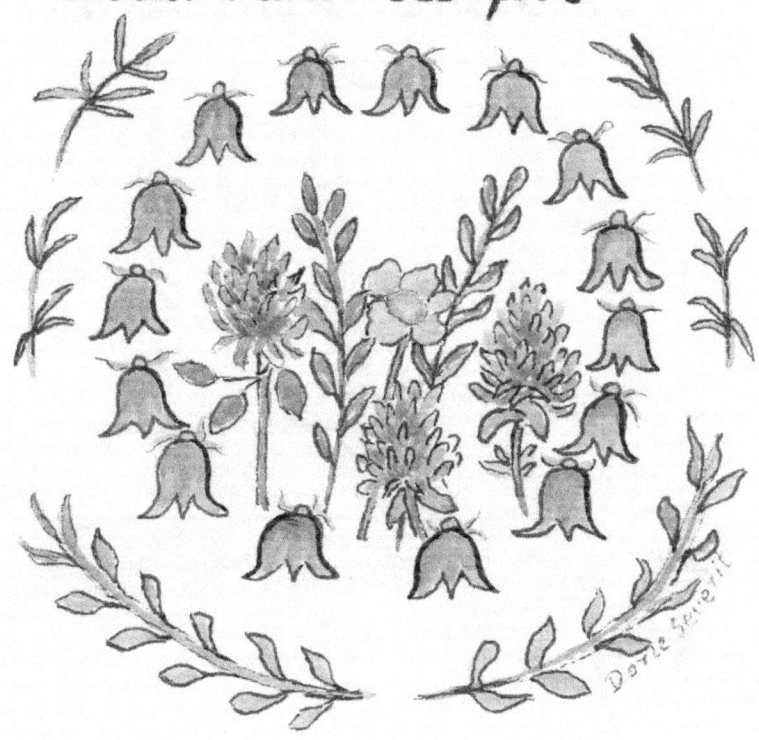

Himmel grenzenlos
Wildgänse ziehen dahin
Sehnsucht wandert mit.

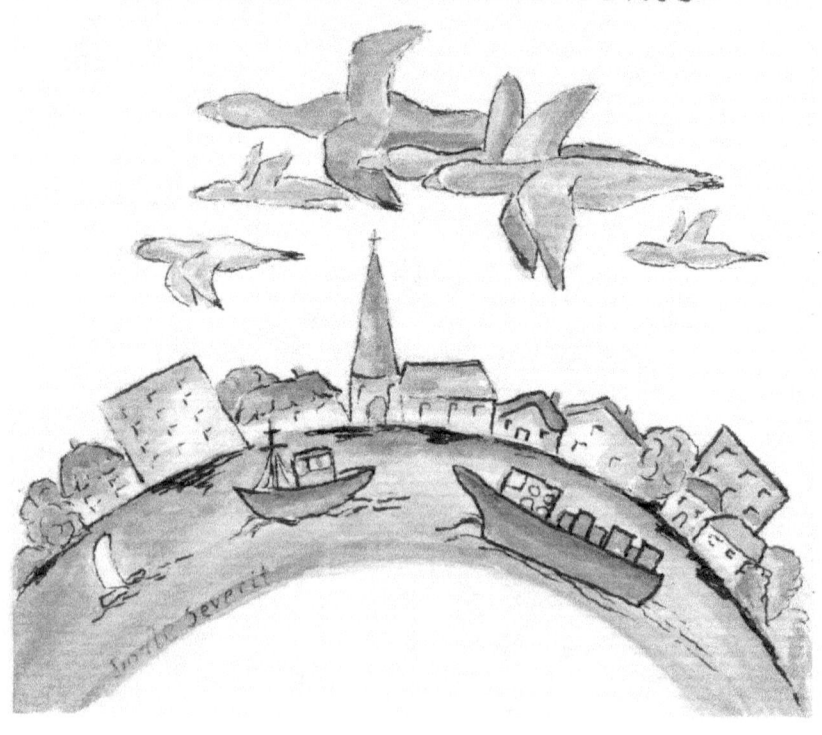

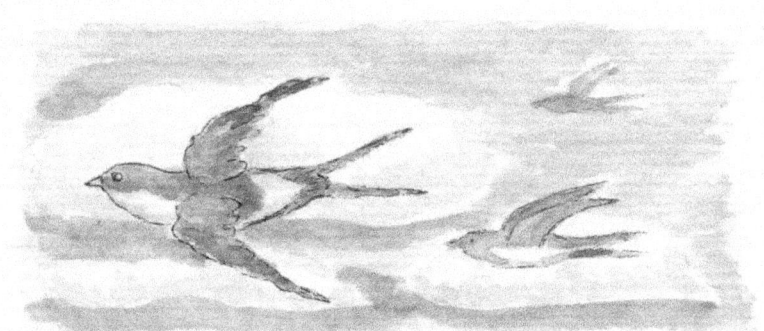

Wolken ziehen weiter
Stunden des Glücks vergehen
Blumen verblühen.

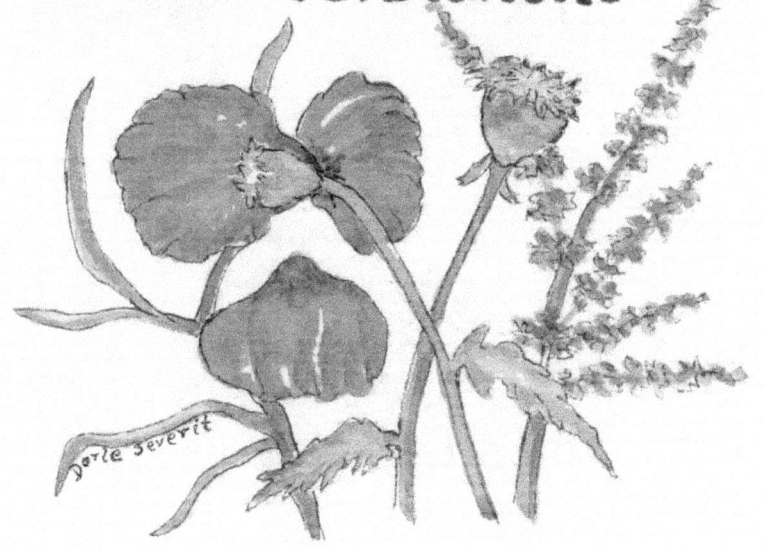

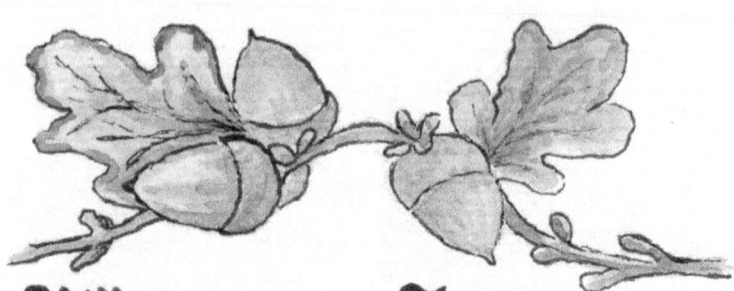

Stiller grauer Tag
Ein sachter Wind streicht raschelnd
Durch welke Blätter.

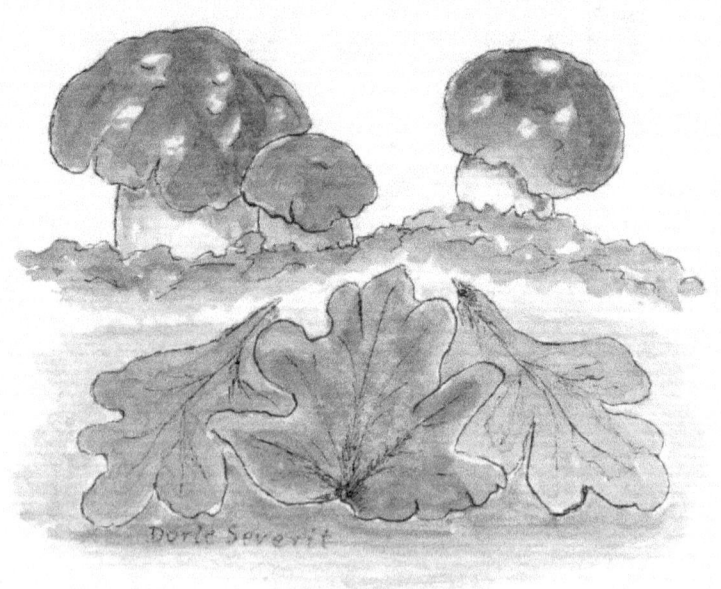

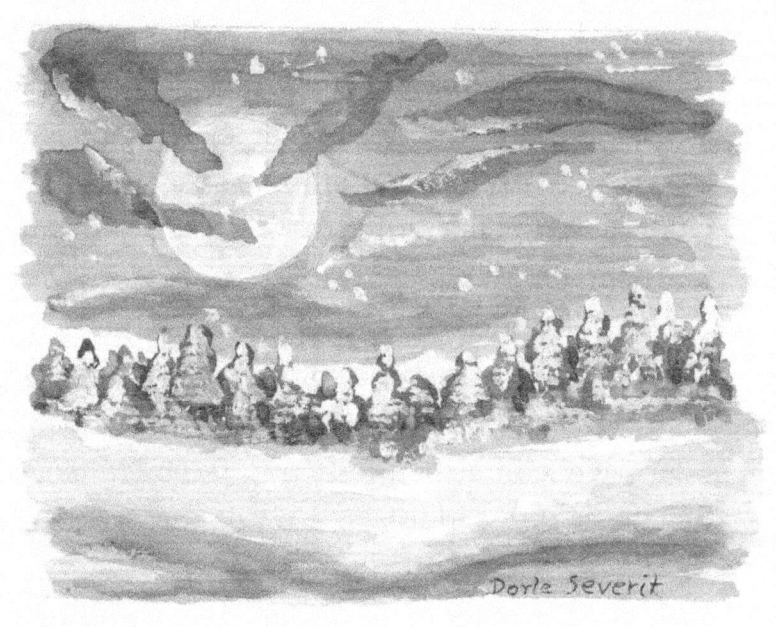

Tiefschwarze Nächte
Der Wintermond scheint eisig
Sterne blinken warm.

Dagmar Kovač lebt in Uetze, ist verheiratet und hat einen Sohn. Als pensionierte Lehrerin engagiert sie sich in der Migrationshilfe und arbeitet im Seniorenbeirat mit. Sie gründete das Literatur-Café mit Lesungen aller Art, die einmal im Monat stattfinden. Sie ist sehr kunstinteressiert und schreibt Märchen.

Schon seit frühester Jugend beschäftigt sie sich mit fernöstlicher Kultur: Ikebana (Blumensteckkunst), Kalligrafie und das Dichten von Haiku. Diese entstanden während oder nach zahlreichen Reisen in ferne Welten. So verarbeitete sie ihre Eindrücke, Emotionen und Beobachtungen in der Natur.

Dorle Severit, verheiratete Severit-Teichert, hat einen Sohn und lebt seit 1991 in Uetze.
Nachdem sie ihre Selbstständigkeit als Physiotherapeutin aufgegeben hatte, nutzt sie ihre Freizeit zum Malen und Schreiben.
Innerhalb von 25 Jahren war sie in verschiedenen Ateliers zu Hause. Sie erlernte die Radiertechnik, Pastell-, Öl-, Aquarellmalerei und zahlreiche Mischtechniken, arbeitete mit Ton und Naturmaterialien.
Sie besuchte Malschulen in der Provence, Andalusien, Italien, Worpswede und war Schülerin für Aktmalerei an der Salzburger Akademie bei Professor Jim Dine (USA).
Im Sommer arbeitet sie am liebsten in der Natur, inmitten von Blumen und lichtdurchfluteten Landschaften. Ihre Bilder sind autobiografische Impressionen und zeigen die Welt und Momente wie sie sie sieht und empfindet.
Sie illustrierte bereits einige Bücher, entwirft Kunstkarten und freche Comics von Enten, Hühnern und einer Schnecke Louise.

Unser Dank geht an Gerd Keil für die große Hilfe bei der technischen Umsetzung dieses Buches.

www.ingramcontent.com/pod-product-compliance
Lightning Source LLC
Chambersburg PA
CBHW050253230526
45470CB00005B/2243